www.karl-mueller-verlag.de

Text und Illustration: Hinrich Altemüller für INTERPILL MEDIA GMBH, Hamburg
Gestaltung: Altemüller Grafik-Design, Pinneberg

Umschlaggestaltung: Kraft & Partner Werbeagentur GmbH
Printed in Hungary

ISBN: 3-89893-554-X

Inhalt

Das bin ich .... 4 - 5
Was ich tue .... 6 - 7
Meine Kleidung .... 8 - 9
In unserem Haus .... 10 - 11
In meinem Kinderzimmer .... 12 - 13
In unserem Wohnzimmer .... 14 - 15
In unserer Küche .... 16 - 17
Beim Essen .... 18 - 19
Unser Badezimmer .... 20 - 21
In unserer Stadt .... 22 - 23
In der Schule .... 24 - 25
Im Supermarkt .... 26 - 27
Im Zoo .... 28 - 29
Im Frühling auf dem Bauernhof .... 30 - 31
Im Sommer am Meer .... 32 - 33
Wald und Wiese im Herbst .... 34 - 35
Im Winter in den Bergen .... 36 - 37
Meine Familie 38
Verkehr 39
Gegensätze .... 40 - 41
Uhrzeit und Wochentage 42
Zahlen 43
Wörterliste .... 44 - 48

Das bin ich

Der Körper

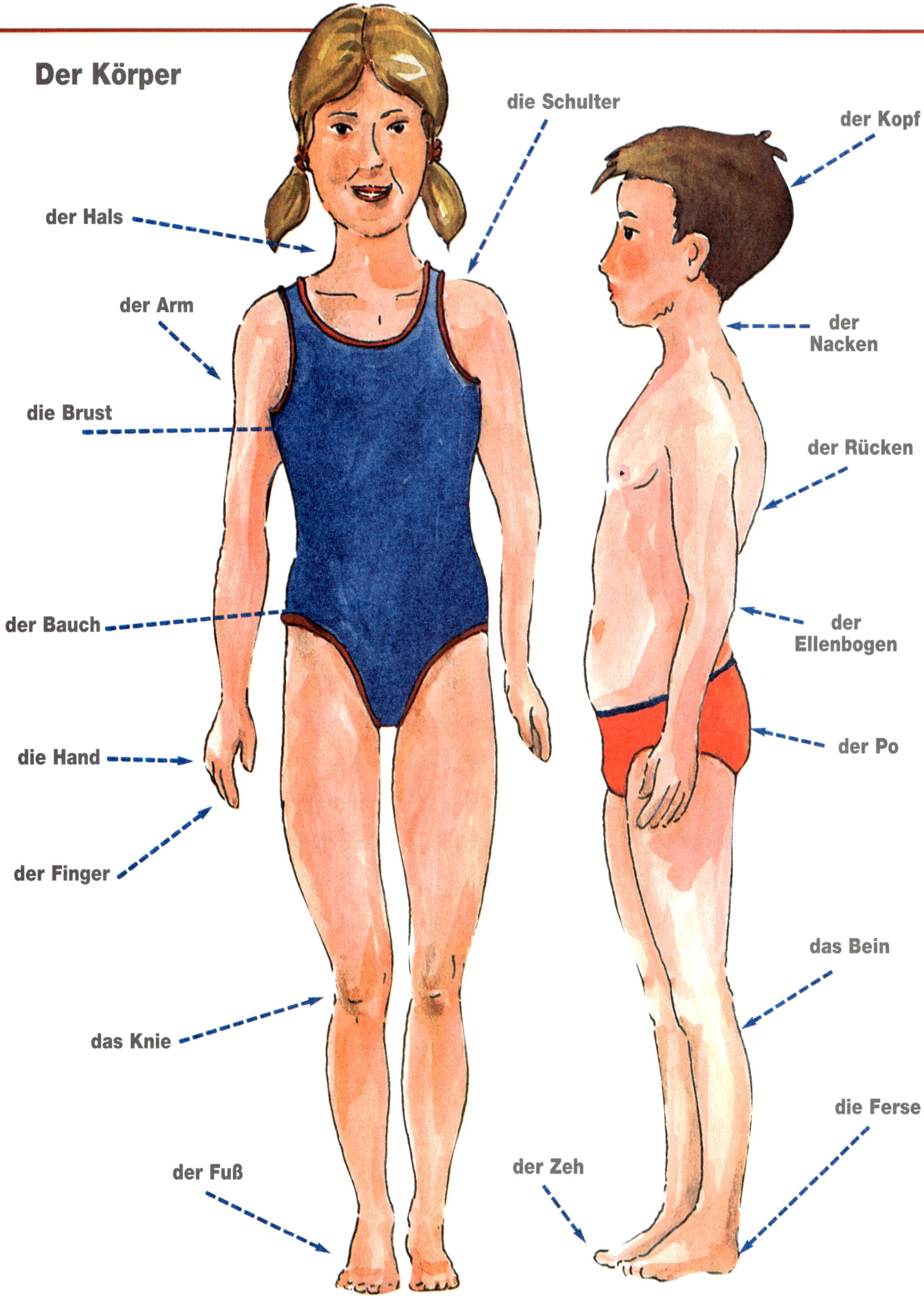

Das Gesicht

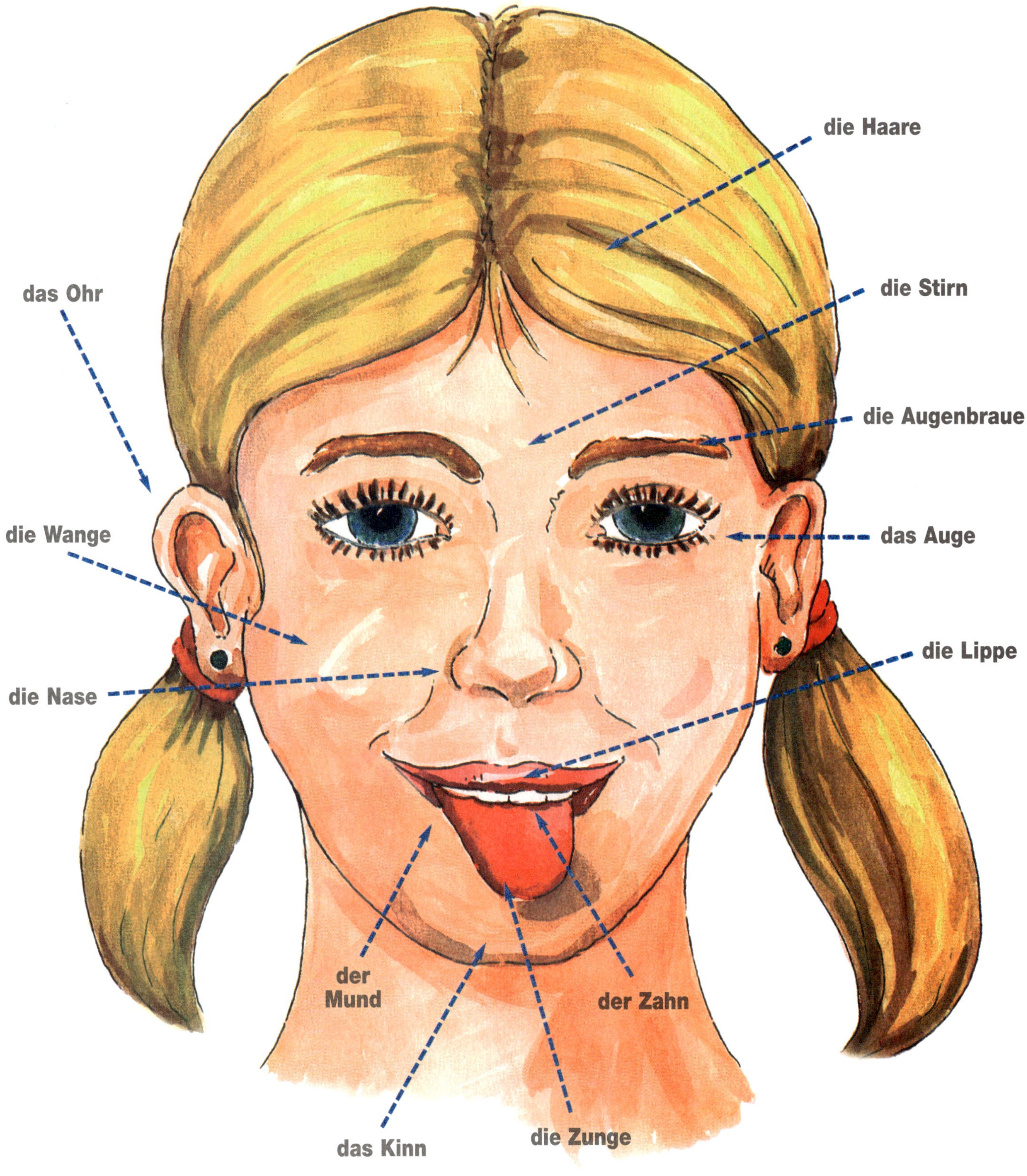
die Haare
das Ohr
die Stirn
die Augenbraue
die Wange
das Auge
die Lippe
die Nase
der
Mund
der Zahn
das Kinn
die Zunge

Was ich tue

schlafen
reden
zuhören
weinen
lachen
aufräumen
ziehen
Zähne putzen
anschauen
singen
rechnen
springen
spielen
tragen
liegen
sitzen
flüstern
rennen
schreien

schieben
bürsten
hinfallen
lesen
gehen
streicheln
geben
nehmen
aufwachen
trinken
fangen
werfen
waschen
stehen
umarmen

Meine Kleidung

die Mütze
die Handschuhe
die Turnschuhe
der Pullover
die Bluse
der Schal
das T-Shirt
der Reißverschluss
der Ohrring
das Nachthemd
die Armbanduhr
der Ring
der Bikini
die Brille
der Rock
der Mantel
die Hose
die kurze Hose
die Hausschuhe

In unserem Haus

der Sessel

die Waschmaschine

der Besen

der Wäschetrockner

die Gießkanne

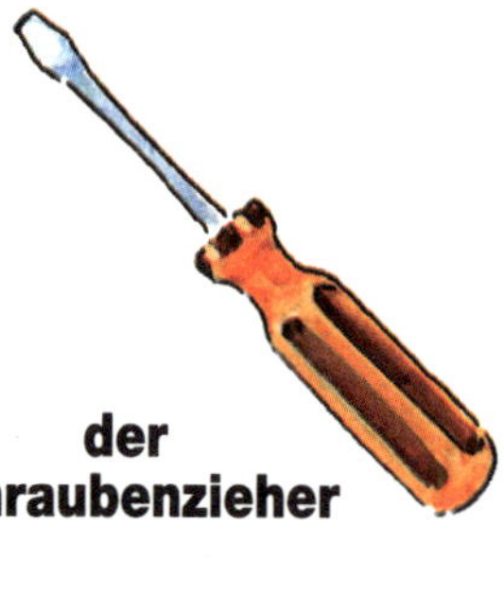

der Schraubenzieher

der Wäschekorb

das Schlüsselbund

der Briefkasten

der Wischmopp

die Mülltonne

der Staubsauger

die Fußmatte

der Eimer

die Zange

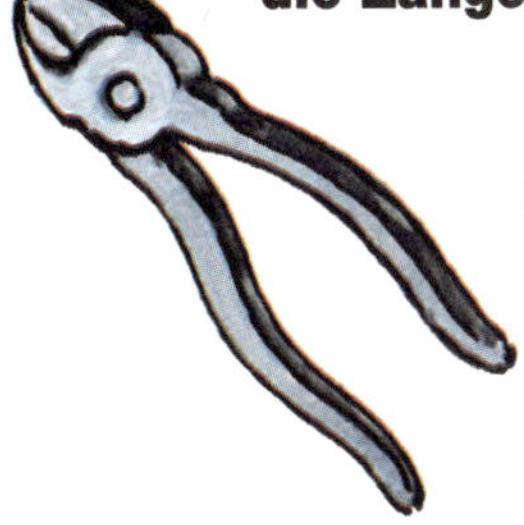

der Hammer

In meinem Kinderzimmer

die Handpuppe

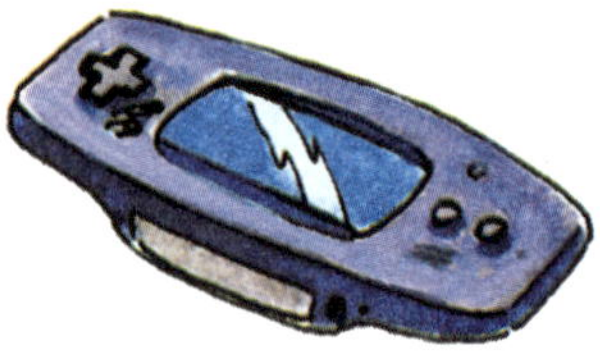

der
Gameboy

die Gitarre

der Teddybär

das Xylophon

die Blockflöte

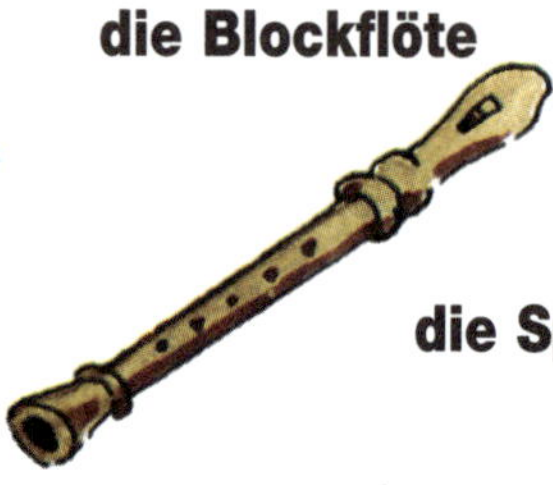

die Spielsteine

das Puzzle

die Marionette

die Legosteine

das Steckenpferd

die Puppe

der Puppenwagen

die Bauklötze

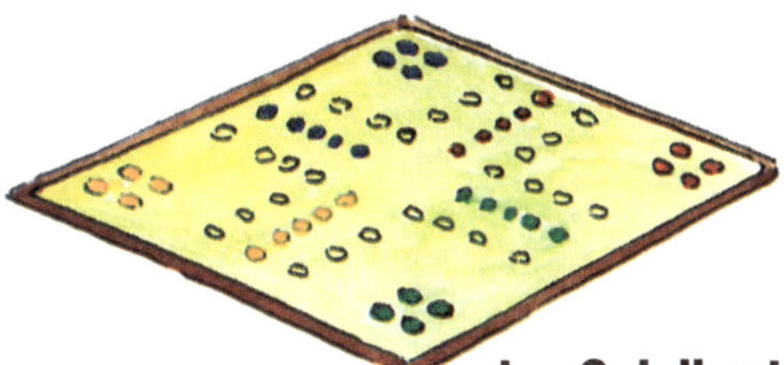

das Spielbrett

das Kartenspiel

der Würfel

In unserem Wohnzimmer

die Glühbirne

das Buch

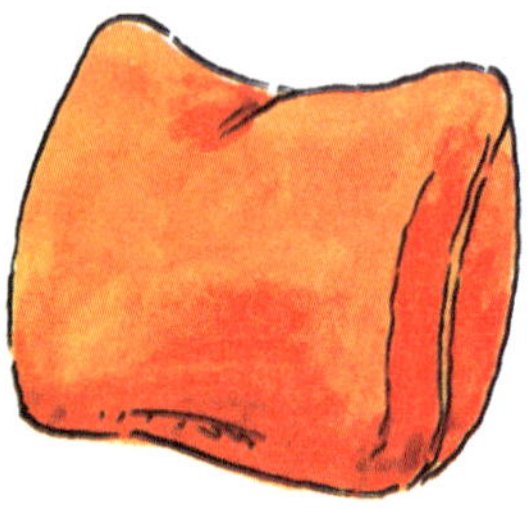

das Kissen

die Zeitschrift

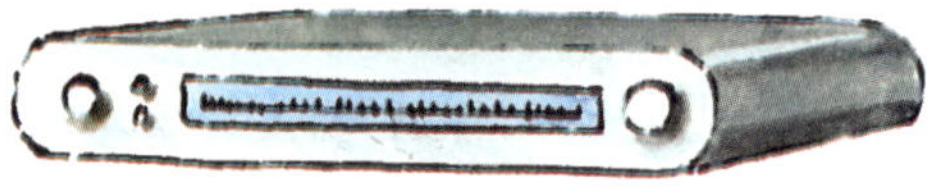

das Radio

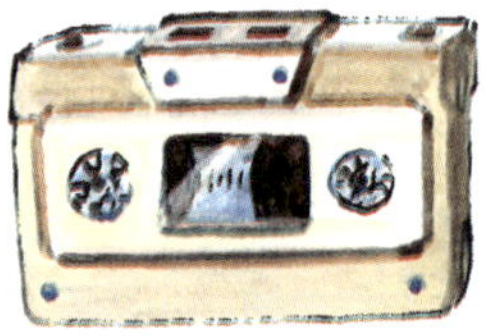

die Kassette

der CD-Spieler

die Videokassette

die Steckdose

die Streichhölzer

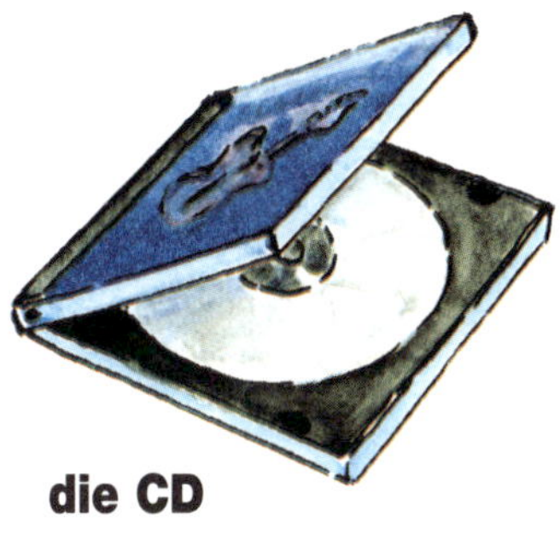

die CD

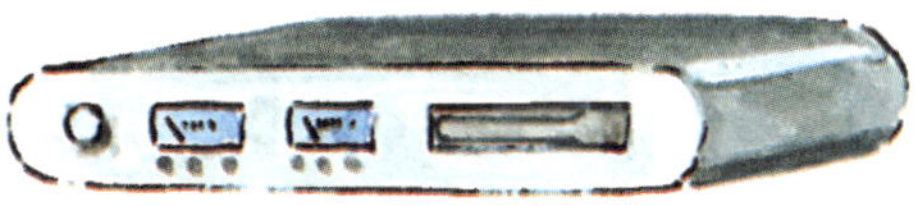

der Kassettenrekorder

die Fernbedienung

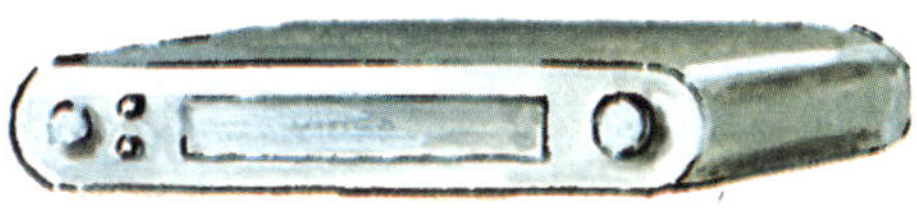

der Videorekorder

In unserer Küche

die Tasse

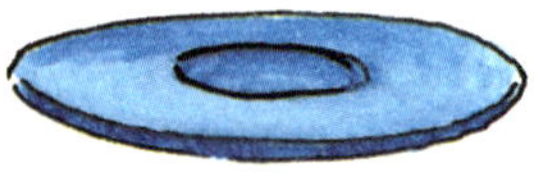

die Untertasse

die Suppenkelle

das Sieb

die Kuchenform

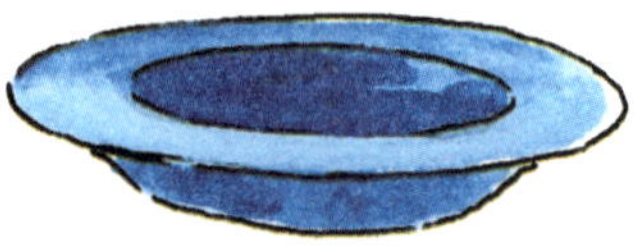

der Suppenteller

die Pfanne

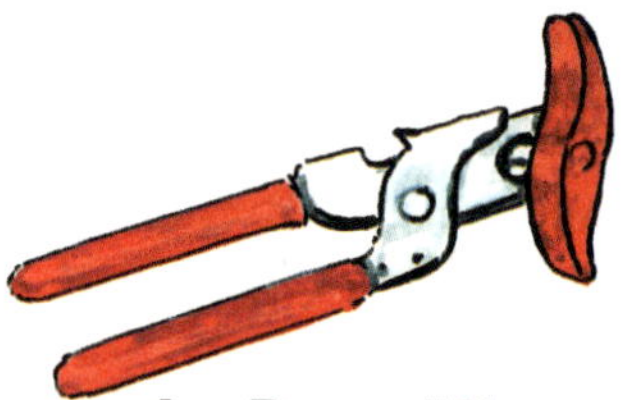

der Dosenöffner

der Eierbecher

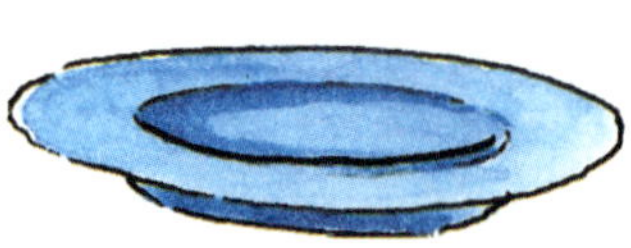

der Teller

das Messer

die Gabel

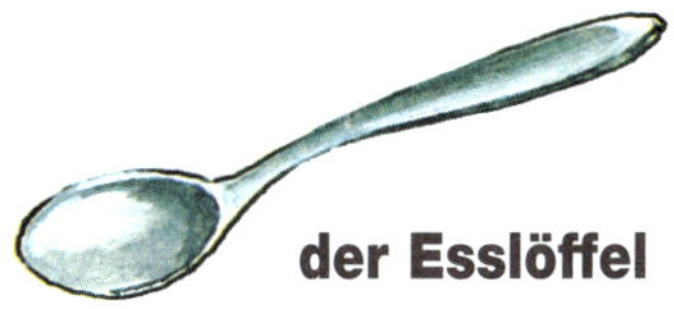
der Esslöffel

der Teelöffel

der Becher

der Schneebesen

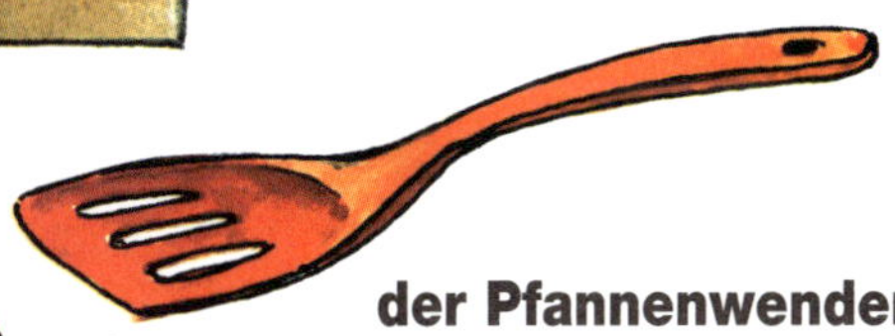
der Pfannenwender

der Schwamm

die Bürste

der Korkenzieher

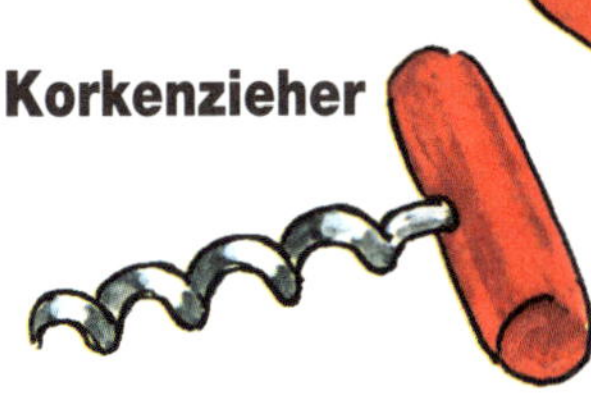

Beim Essen

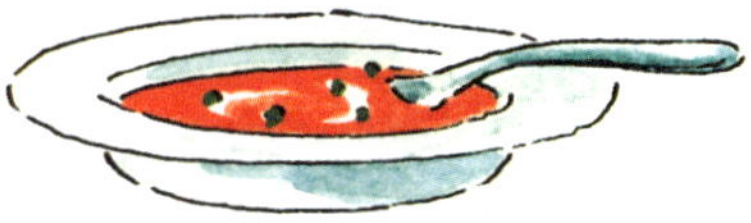
die Suppe

das Eis

die Pommes frites

die Fischstäbchen

der Senf

das Hähnchen

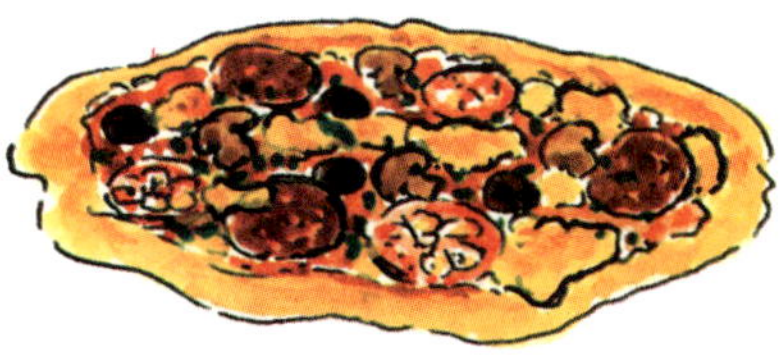
die Pizza

das Salz und der Pfeffer

das Schnitzel

der Kuchen

der Saft

der Reis

der Hamburger

die Spagetti

die Soße

der Salat

das Gemüse

Unser Badezimmer

die Bürste

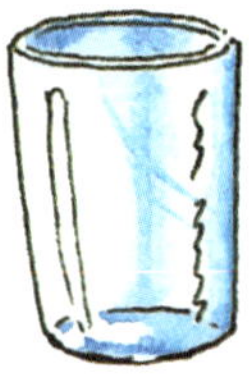

der Zahnputzbecher

der Waschbeutel

das Parfüm

der Rasierapparat

das Deodorant

die Seife

der Lippenstift

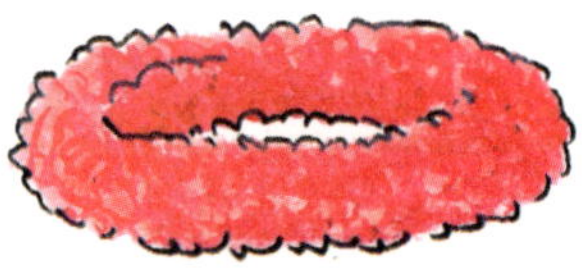

das Haargummi

das Rasierwasser

die Creme

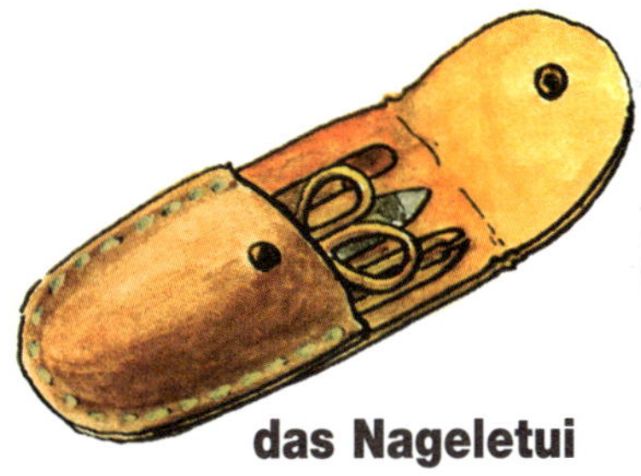

das Nageletui

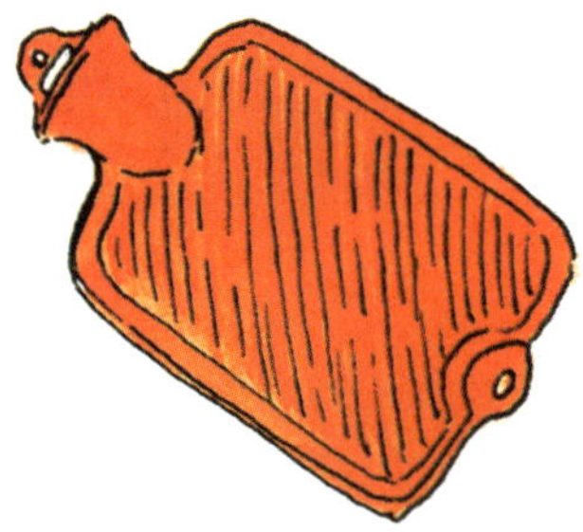

die Wärmflasche

das Schaumbad

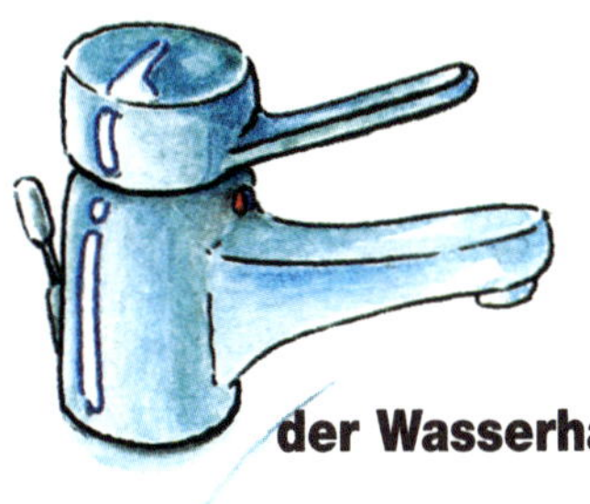

der Wasserhahn

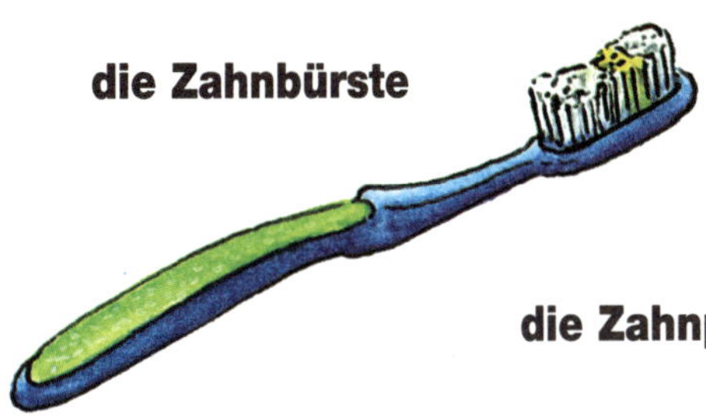

die Zahnbürste

die Zahnpasta

In unserer Stadt

die Litfaßsäule

der Briefkasten

das Ortsschild

das Fahrrad

der Müllcontainer

die Haltestelle

der Straßenmaler

die Parkuhr

der Polizist

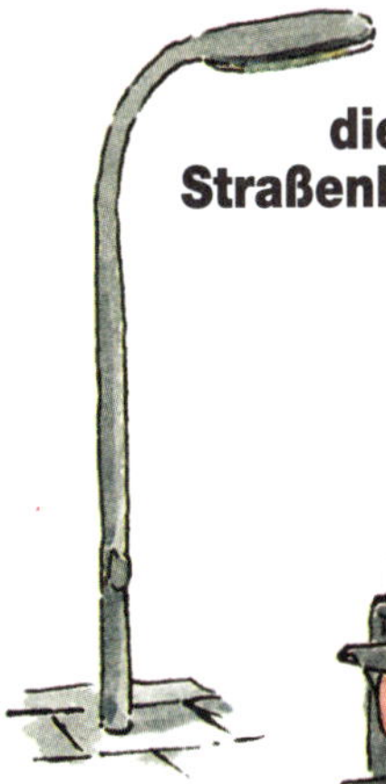
die Straßenlaterne

die Ampel

der Straßenmusikant

die Telefonzelle

das Taxi

In der Schule

der Radiergummi

der Tesafilm

der Klebstoff

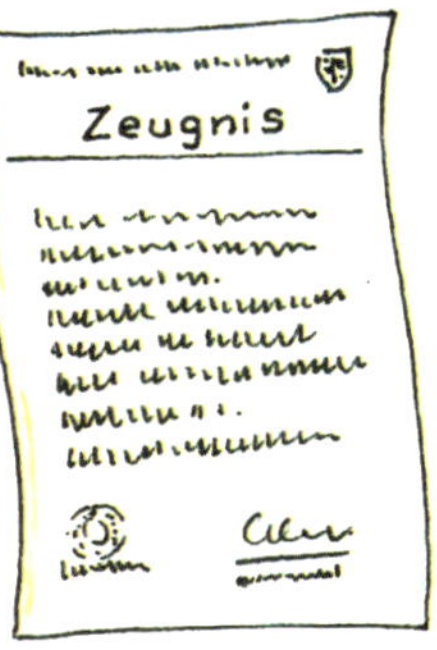

das Zeugnis

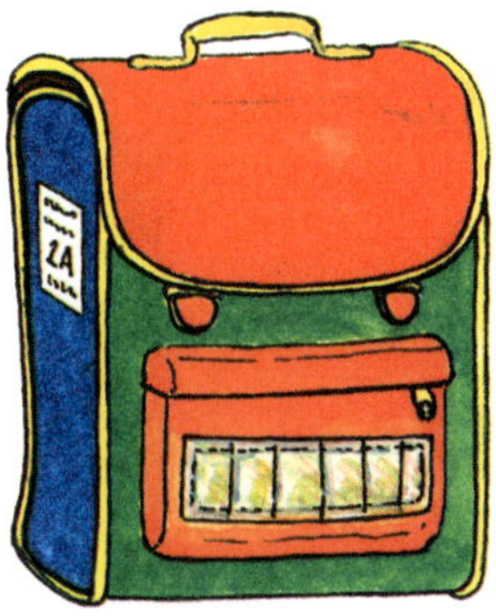

der Schulranzen

die Schere

der Ordner

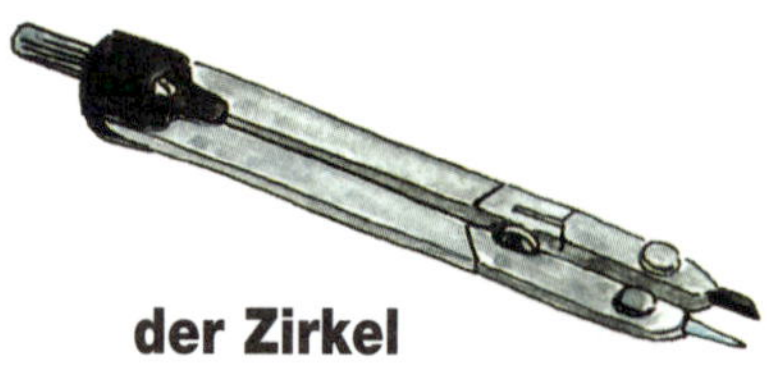

der Zirkel

der Anspitzer

das Schulbuch

das Pausenbrot

der Farbkasten

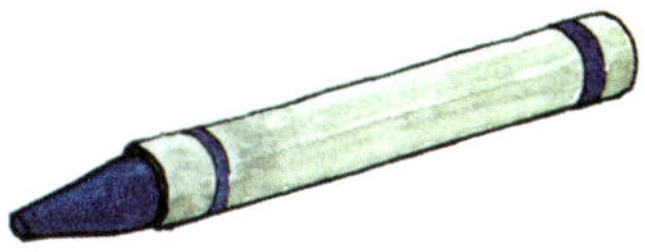

der Wachsmalstift

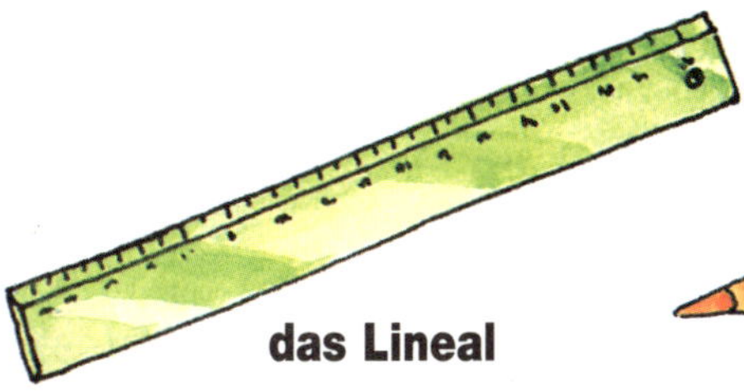

das Lineal

der Buntstift

das Federmäppchen

Im Supermarkt

die Nudeln

die Bohne

die Kekse

die Schokolade

die Bonbons

die Mohrrübe

die Papiertaschentücher

die Zitrone

der Jogurt

das Mehl

die Kirsche

der Lutscher

die Sahne

die Flasche

die Erdbeere

die Erbsen

der Pfirsich

die Birne

das Salz

Im Zoo

das Krokodil

die Banane

das Getränk

die Schlange

der Fotoapparat

die Eintrittskarte

das Meerschweinchen

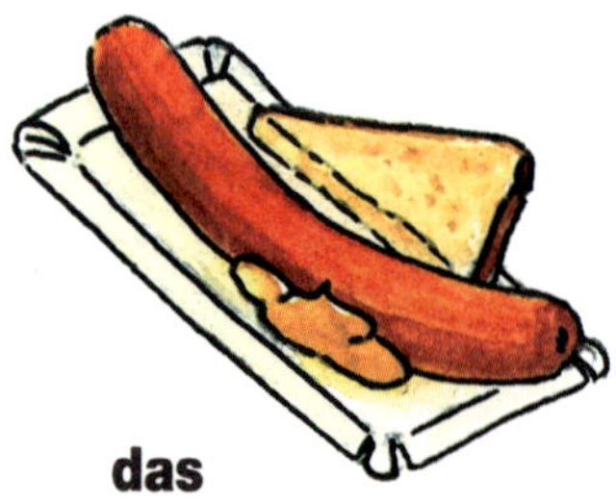

das Würstchen

der Schmetterling

die Kappe

der Fisch

der Abfalleimer

das Eis

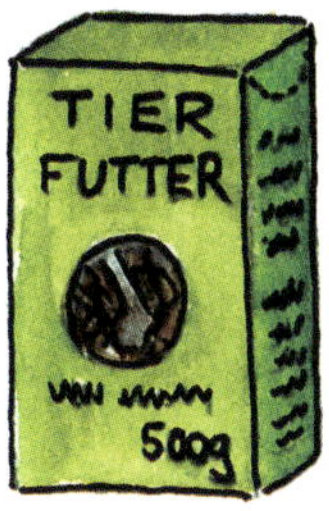

die Tiernahrung

die Vogelspinne

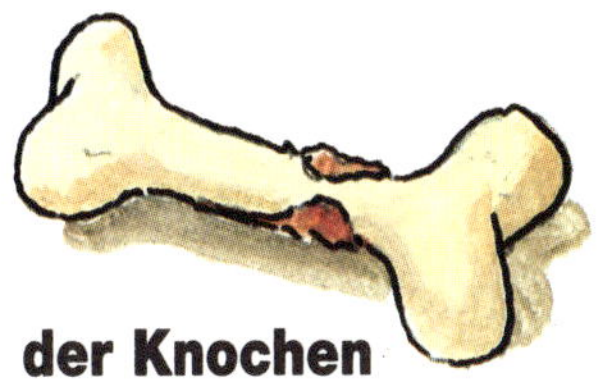
der Knochen

Im Frühling auf dem Bauernhof

das Pferd

das Fohlen

das Schwein

das Ferkel

der Hund

die Gans

die Ente

der Truthahn

das Kaninchen

das Schaf

das Lamm

die Katze

der Hahn

die Kuh

das Kalb

der Stier

das Küken

das Huhn

Im Sommer am Meer

der Sandeimer

die Garnele

der Wasserball

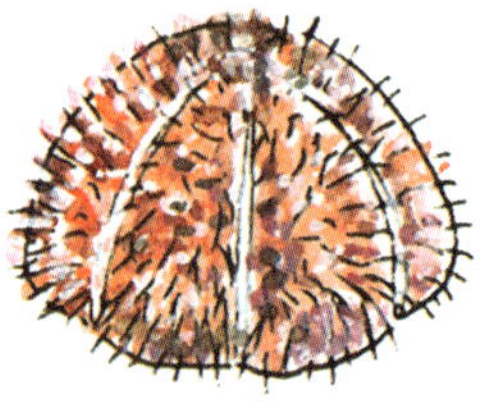

der Seeigel

der Seehund

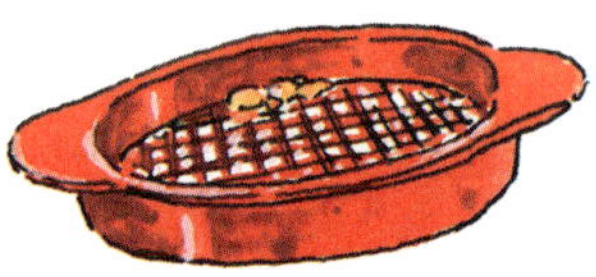

das Sieb

die Scholle

die Sonnenbrille

die Sandschaufel

die Qualle

die Sandform

die Strandkrabbe

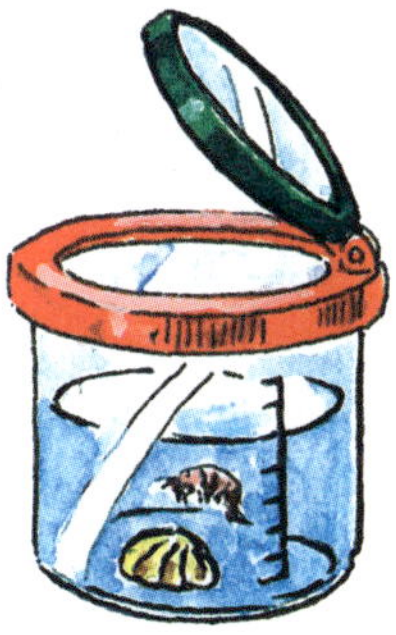

die Lupe

der Seetang

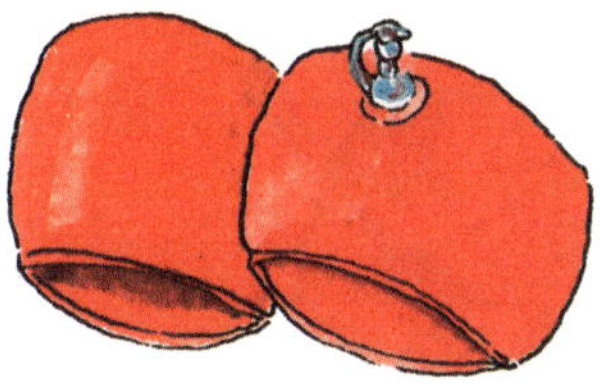

die Schwimmflügel

die Muscheln

Wald und Wiese im Herbst

der Schwan

der Frosch

der Hase

das Reh

die Eidechse

die Blüte

die Kastanie

das Gras

die Spinne

der Fuchs

der Maulwurf

die Pilze

der Igel

der Apfel

der Regenwurm

das Blatt

die Eichel

Im Winter in den Bergen

der Schneemann

die Skistiefel

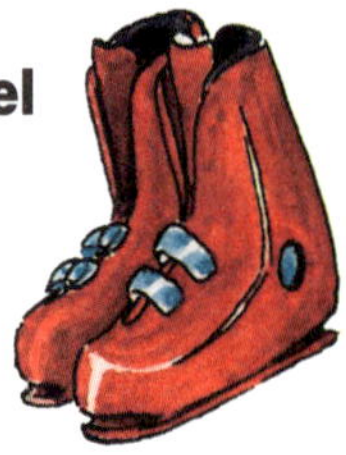

der Schneeschieber

die Tanne

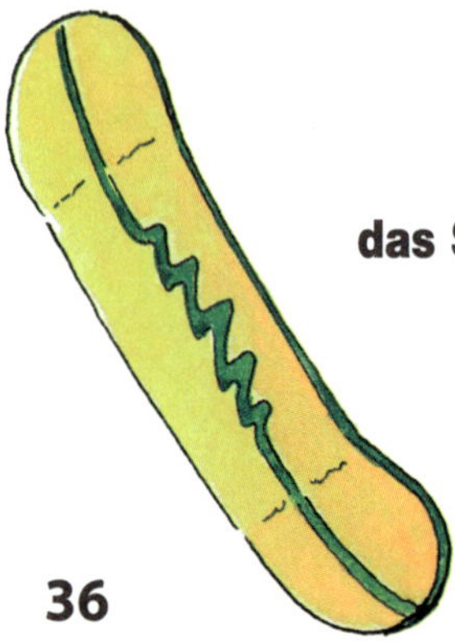

das Snowboard

das Gipsbein

das Geweih

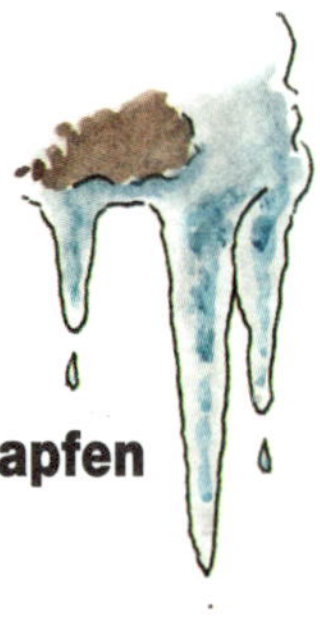

die Eiszapfen

die Schlittschuhläuferin

die Skier

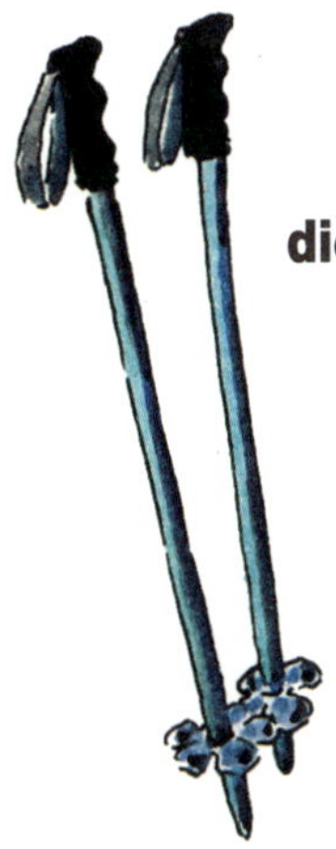
die Skistöcke

der Rauch

der Bernhardiner

der Schneeball

der Schlitten

Meine Familie

In der Luft

Auf der Straße

Auf den Schienen

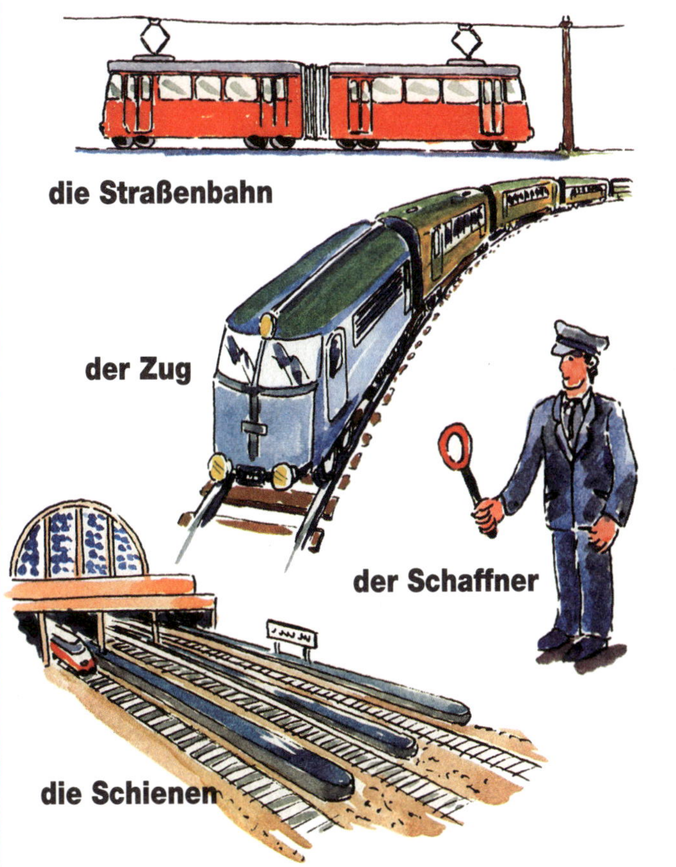

Auf dem Wasser

Gegensätze

dick
dünn
schnell
langsam
rau
glatt
groß
rechts
links
klein
sauber
schmutzig
oben
schwer
leicht
voll
leer
fern
unten
nah
viel
wenig
offen
geschlossen

nass
trocken
hässlich
schön
krank
gesund
lang
kurz
hoch
niedrig
kalt
heiß
hart
weich
traurig
fröhlich
Erster
Letzter

Uhrzeit und Wochentage

Die Woche

Montag **Dienstag** **Mittwoch** **Donnerstag** **Freitag** **Sonnabend** **Sonntag**

eine Woche = 7 Tage

Die Uhrzeit

die Uhr

der große Zeiger

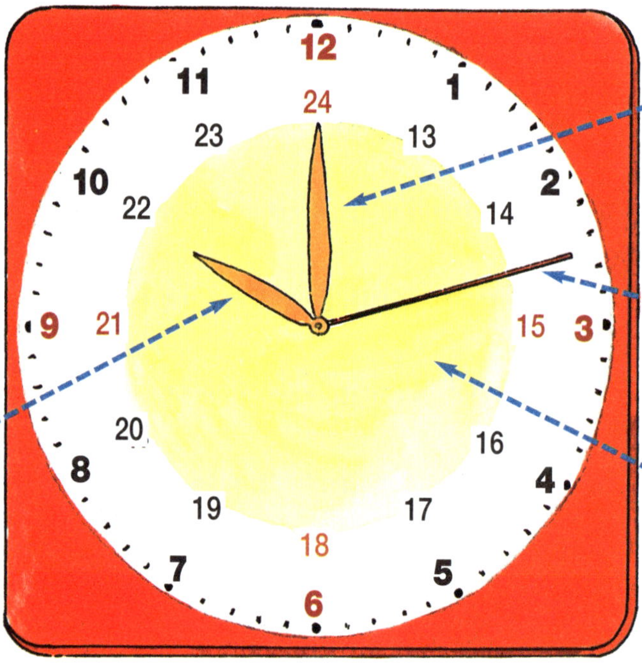

der Sekundenzeiger

der kleine Zeiger

das Zifferblatt

ein Tag = 24 Stunden	**eine Stunde = 60 Minuten**	**eine Minute = 60 Sekunden**

 **acht Uhr**

 **zwanzig nach acht**

 **viertel nach acht**

 **halb neun**

 **fünf vor neun**

 **viertel vor acht**

1 eins	**2** zwei	**3** drei	**4** vier	**5** fünf

6 sechs	**7** sieben	**8** acht	**9** neun	**10** zehn

11 elf	**12** zwölf	**13** dreizehn	**14** vierzehn	**15** fünfzehn

16 sechzehn	**17** siebzehn	**18** achtzehn	**19** neunzehn	**20** zwanzig

Wörterliste

A
Abfalleimer 29
acht 43
achtzehn 43
Affe 28
Ameisenhaufen 35
Ampel 23
Anhänger 30
Anorak 8
anschauen 6
Anspitzer 25
Apfel 35
Apotheke 22
Arm 4
Armband 8
Armbanduhr 9
Ast 35
aufräumen 6
aufwachen 7
Auge 5
Augenbraue 5
Auto 39
Autobahn 39

B
Backofen 17
Badeanzug 8
Bademantel 20
Badewanne 21
Bäckerei 26
Bäuerin 30
Balkon 11
Ball 13
Banane 28
Bank 22
Bauch 4
Bauer 31
Bauernhaus 30
Bauklötze 13
Baum 35
Becher 17
Beet 11
Bein 4
Bernhardiner 37
Besen 10
Bett 12
Bettdecke 12
Bikini 9
Bild 14
Birne 27
Blatt 25/35
Blockflöte 12
Blüte 34
Blumenladen 22
Bluse 9
Bohne 26
Bonbons 26
Brett 17
Briefkasten 11/22
Brille 9
Brötchen 18
Brot 18
Brücke 34
Brust 4
Buch 14
Buchstabe 24
Büro 22
Bürste 17/20
bürsten 7
Buntstift 25

C
Café 23
CD 15
CD-Spieler 14
Comicheft 13
Computer 13
Cousin 38
Cousine 38
Creme 21

D
Dach 30
Dachboden 10
Deodorant 20
dick 40
Dienstag 42
Donnerstag 42
Dorf 35
Dosenöffner 16
Drachen 33/34
drei 43
dreizehn 43
Düne 32
dünn 40
Dusche 21
Duschvorhang 21

E
Ei 19
Eichel 35
Eidechse 34
Eierbecher 16
Eimer 11
Eingang 28
Einkaufswagen 27
eins 43
Eintrittskarte 28
Eis 18/29
Eisbär 28
Eiszapfen 36
Elefant 29
elf 43
Ellenbogen 4
Ente 30
Erbsen 27
Erdbeere 27
Erster 41
Esslöffel 17

F
Fähre 39
Fahrrad 22
Familie 29
fangen 7
Farbkasten 25
Federmäppchen 25
Feld 31
Ferkel 30
fern 40
Fernbedienung 15
Fernseher 14
Ferse 4
Feuer 15

Finger .4
Fisch .29
Fischkutter .32
Fischstäbchen .18
Flasche .27
Fleisch .27
Fliesen .20-21
flüstern .6
Flugzeug .39
Fluss .34
Föhn .20
Fohlen .30
Foto .14
Fotoapparat .28
Frau .14
Freitag .42
Friseur .22
fröhlich .41
Frosch .34
Frühling .30
Fuchs .35
fünf .43
fünfzehn .43
Fuß .4
Fußgänger .22
Fußgängerzone .23
Fußmatte .11
Futterkrippe .35

G
Gabel .17
Gameboy .12
Gans .30
Garage .10
Garnele .32
Garten .30
geben .7
Gefrierschrank .17
gehen .7
Gehweg .23
Gemüse .19/27
Geschirrspülmaschine .17
geschlossen .40
Gesicht .5
gesund .41
Getränk .28
Getränke .27
Geweih .36
Gewürze .17
Gießkanne .10
Gipfel .37
Gipsbein .36
Giraffe .29
Gitarre .12
glatt .40
Glühbirne .14
Gras .34
groß .40
Großmutter .38
Großvater .38
großer Zeiger .42
Gürtel .8
Gummistiefel .8

H
Haare .5
Haargummi .20
Hähnchen .18
hässlich .41
Hafen .39
Hahn .31
halb .42
Hals .4
Haltestelle .22
Hamburger .19
Hammer .11
Hand .4
Handpuppe .12
Handschuhe .9
Handtuch .21
hart .41
Hase .34
Haus .22
Haushaltsartikel .26
Hausschuhe .9
Haustür .10
Heft .24
heiß .41
Hemd .8
Herbst .34
Herd .17
Heu .31
Himmel .32
hinfallen .7
hoch .41
Holz .15
Honig .18
Hose .9
Hotel .22
Hubschrauber .39
Hühnerstall .30
Huhn .31
Hund .30
Hundehütte .31

I
Igel .35
Imbiss .23
Insel .33

J
Jacke .8
Jäger .34
Jeans .8
Jogurt .26

K
Känguru .29
Käse .18/26
Kaffee .19
Kaffeekanne .19
Kaffeemaschine .16
Kalb .31
kalt .41
Kamel .29
Kamin .15
Kaninchen .30
Kapitän .39
Kappe .29
Kartenspiel .13
Kasse .27
Kassette .14
Kassettenrekorder .15
Kastanie .34
Katze .31
Kaufhaus .22
Kaufmannsladen .12
Kekse .26
Keller .11
Kerzenständer .15
Kinn .5
Kino .23
Kirche .22
Kirsche .27

Kissen 14
Klassenbuch 25
Klebstoff 24
klein 40
kleiner Zeiger 42
Knie 4
Knochen 29
Knopf 8
Körper 4
Konserven 26
Kontrollturm 39
Kopf 4
Kopfkissen 12
Korkenzieher 17
krank 41
Kreide 24
Krokodil 28
Kuchen 19
Kuchenform 16
Küchenmesser 17
Küchenrolle 17
Kühlschrank 17
Küken 31
Kuh 31
Kunde 27
kurz 41
kurze Hose 9
Kuscheltier 12

L

lachen 6
Lamm 31
Lampe 15
Landkarte 24
lang 41
langsam 40
Latzhose 8
Lawine 36
leer 40
Legosteine 13
Lehrerin 25
leicht 40
Leiter 12
lesen 7
Letzter 41
Leuchtturm 33
liegen 6
Liegestuhl 33
Lineal 25
links 40
Lippe 5
Lippenstift 20
Litfaßsäule 22
Löwe 29
Luft 39
Luftkissenboot 39
Lupe 33
Lutscher 27

M

Mann 14
Mantel 9
Marionette 13
Marmelade 19
Matrose 39
Maulwurf 35
Meer 33
Meerschweinchen 28
Mehl 27
Messer 17
Mikrowellenherd 17
Milch 18
Milchkännchen 19
Minute 42
Misthaufen 31
Mittwoch 42
Möwe 32
Mohrrübe 26
Montag 42
Motorboot 39
Motorrad 39
Müllcontainer 22
Mülleimer 16
Mülltonne 11
Müsli 18
Mütze 9
Mund 5
Muscheln 33
Museum 23
Mutter 19/38

N

Nachthemd 9
Nacken 4
Nageletui 21
nah 40
Nase 5
Nashorn 29
nass 41
nehmen 7
neun 43
neunzehn 43
niedrig 41
Nilpferd 29
Nudeln 26

O

oben 40
Obst 27
Obstbaum 31
offen 40
Ohr 5
Ohrring 9
Omnibus 39
Onkel 38
Ordner 24
Ortsschild 22

P

Pandabär 28
Papagei 29
Papierkorb 24
Papiertaschentücher 26
Parfüm 20
Parkuhr 23
Pausenbrot 25
Pfanne 16
Pfannenwender 17
Pfau 28
Pfeffer 18
Pferd 30
Pfirsich 27
Pflug 30
Pilot 39
Pilze 35
Pinguin 28
Piste 37
Pizza 18
Po 4
Polizist 23
Pommes frites 18
Post 22
Poster 12
Pullover 9

Puppe .13
Puppenhaus .13
Puppenwagen .13
Puzzle .12

Q
Qualle .33
Quark .19

R
Radiergummi .24
Radio .14
Rasen .11
Rasierapparat .20
Rasierwasser .21
Rathaus .23
rau .40
Rauch .37
rechnen .6
rechts .40
reden .6
Regal .13
Regenwurm .35
Reh .34
Reinigungsmittel .26
Reis .19
Reißverschluss .9
Reklame .23
rennen .6
Restaurant .23
Ring .9
Rock .9
Rücken .4

S
Saft .19
Sahne .27
Salat .19
Salz .18/27
Samstag .42
Sandalen .8
Sandeimer .32
Sandform .33
Sandschaufel .33
sauber .40
Schaf .31
Schaffner .39
Schal .9
Schaumbad .21
Schere .24
Scheune .30
schieben .7
Schienen .39
Schiff .33/39
Schlafanzug .8
schlafen .6
Schlange .28
Schlitten .37
Schlittschuhläuferin .37
Schlüsselbund .10
Schmetterling .29
schmutzig .40
Schnee .37
Schneeball .37
Schneebesen .17
Schneemann .36
Schneeräumfahrzeug .37
Schneeschieber .36
schnell .40
Schnitzel .18
schön .41
Schokolade .26
Scholle .32
Schornstein .11
Schrank .14
Schraubenzieher .10
Schreibtisch .13
schreien .6
Schüler .25
Schülerin .25
Schürze .16
Schuhe .8
Schulbuch .25
Schulhof .25
Schulranzen .24
Schulter .4
Schwamm .17/24
Schwan .34
Schwein .30
schwer .40
Schwimmflügel .33
sechs .43
sechzehn .43
See .34
Seehund .29/32
Seeigel .32
Seetang .33
Segelflugzeug .39
Seife .20
Seilbahn .36
Sekunde .42
Sekundenzeiger .42
Senf .18
Sense .31
Sessel .10
Sieb .16/32
sieben .43
siebzehn .43
singen .6
sitzen .6
Skier .37
Skihütte .37
Skilift .36
Skistiefel .36
Skistöcke .37
Snowboard .36
Socken .8
Sofa .14
Sommer .32
Sonderangebot .26
Sonnenbrille .32
Sonntag .42
Soße .19
Spagetti .19
Spiegel .20
Spielbrett .13
spielen .6
Spielsteine .12
Spielzeugauto .13
Spinne .35
springen .6
Stadion .36
Stall .31
Stamm .35
Staubsauger .11
Steckdose .15
Steckenpferd .13
stehen .7
Stein .35
Stereoanlage .14
Stewardess .39
Stier .31
Stirn .5
Strand .32

Strandkorb 33
Strandkrabbe 33
Straßenbahn 39
Straßenlaterne 23
Straßenmaler 22
Straßenmusikant 23
Strauß 29
streicheln 7
Streichhölzer 15
Strohballen 31
Strümpfe 8
Strumpfhose 8
Stunde 42
Süßigkeiten 27
Supermarkt 26
Suppe 18
Suppenkelle 16
Suppenteller 16
Sweatshirt 8

T
Tafel 25
Tag 42
Talstation 36
Tanne 36
Tante 38
Tasche 27
Tasse 16
Taxi 23
Teddybär 12
Teelöffel 17
Telefon 14
Telefonzelle 23
Teller 16
Teppich 14
Tesafilm 24
Tiernahrung 26/29
Tierwärter 29
Tiger 29
Tisch 15
Toastbrot 18
Tochter 38
Toilette 21
Toilettenbürste 20
Toilettenpapier 21
tragen 6
Traktor 30
traurig 41
trinken 7
trocken 41
Truthahn 30
T-Shirt 9
Tür 30
Turnschuhe 9

U
U-Bahn 23
Uhr 42
Uhrzeit 42
umarmen 7
unten 40
Unterhemd 8
Unterhose 8
Untertasse 16

V
Vase 15
Vater 19/38
Verkäuferin 26
Verkehrsschild 39
Videokassette 15
Videorekorder 15
viel 40
vier 43
viertel (nach acht) 42
vierzehn 43
Vogel 35
Vogelscheuche 35
Vogelspinne 29
voll 40
Vorhang 15

W
Waage 21
Wachsmalstift 25
Wärmflasche 21
Wäsche 21
Wäschekorb 10
Wäschetrockner 10
Wald 35
Wand 25
Wange 5
Waschbecken 20
Waschbeutel 20
waschen 7
Waschmaschine 10
Wasserball 32
Wasserhahn 21
Wecker 13
Weg 34
Wegweiser 34
weich 41
Weide 30
weinen 6
wenig 40
werfen 7
Wiese 34
Winter 36
Wintergarten 10
Wischmopp 11
Woche 42
Wolke 33
Würfel 13
Würstchen 28
Wurst 19/26

X
Xylophon 12

Z
Zähne putzen 6
Zahl 25
Zahlen 43
Zahn 5
Zahnbürste 21
Zahnpasta 21
Zahnputzbecher 20
Zange 11
Zaun 30
Zebra 29
Zebrastreifen 22
Zeh 4
zehn 43
Zeichnung 24
Zeitschriften 27
Zeitschrift 14
Zeugnis 24
ziehen 6
Zifferblatt 42
Zirkel 24
Zitrone 26
Zug 39
zuhören 6
Zunge 5
zwanzig 43
zwei 43
zwölf 43